Zwiebelküche

Neue und alte Rezepte
von

Siegfried Ruoß

1. Auflage
ISBN 3-924292-12-4
Text: Siegfried Ruoß
Illustrationen: Waltraud Bücheler
Repro und Satz: Reproteam Siefert
Druck und Bindung: J. Ebner Ulm

Inhaltsverzeichnis

Einleitung

Ist es nicht drollig, jemanden zu lieben, der uns dauernd die Tränen in die Augen treibt? Aber, obwohl sie ganz schön brennen, sind es doch mehr Freudentränen.

Denn was wären unsere Soßen, Salate, Braten, Suppen, Gemüse, Vorspeisen, Vesper, Wurst- und Käsesalate bis hin zum Leberkäs und Rostbraten ohne Zwiebeln? Man müßte sie erfinden, denn ohne unsere Sonnenknolle wäre unsere Küche fad und leer. Denken wir nur an eine Marinade zum Beizen des Sauerbratens oder zum Einlegen von Fisch ohne Zwiebeln, einfach unvorstellbar. Dabei dient sie auch manchmal fast unerkannt als reines Würzmittel. So ist sie z.B. bei einigen Currymischungen als eine wichtige Zutat bekannt. Durch ihren besonders hohen Zuckergehalt erhält sie, im Fett gebraten, schnell eine bräunliche Farbe, und hier kommen nicht nur die Nase, sondern auch unsere Augen voll auf ihren Genuß. Sie ist die Trüffel unter den Gemüsen. Wäre sie nicht so einfach anzubauen, würde sie mit Sicherheit als Delikatesse gelten. Und wie vielseitig begabt sie ist: Sie füllt nicht nur Bücher mit unzähligen Rezepten, sondern sie hat sich auch durch die Jahrhunderte hindurch einen Namen als Allheilmittel erworben. Ihr werden geradezu fantastische Kräfte zugeschrieben.

So schrieb schon Hippokrates (460-370 v. Chr.), die Zwiebel sei gut für das Sehvermögen.

Im Mittelalter und noch weit in unsere Zeit hinein galt dieser kleine, runde „Medizinmann“ als rasche Hilfe bei Hunde- und Kreuzotterbissen. Aber davon später mehr ...

Wo nun die Zwiebel am beliebtesten ist, darüber läßt sich wohl

streiten. Denn die Liebe für diesen Wonnepfropfen, der uns immer wieder zu Tränen rührt, teilen sich die Italiener, Spanier, Franzosen, Engländer, Ägypter genauso wie die Russen, Australier, Chinesen, Israeli, Griechen und Türken.
Spezielle Zwiebelmärkte finden wir in der ganzen Welt, sie ziehen sich von Süddeutschland in die Schweiz, bis hin nach Birmingham in England. Besonders hier wurden die Zwiebeln schon früh hinter Klostermauern angebaut und dienten, unter anderem mit Nelken gespickt, als Duftspender. Wie gesagt, es war einmal ...
Die Tatsachen heute sehen so aus: In Deutschland verbrauchen wir pro Kopf ungefähr 6,5 kg Zwiebeln, wovon cirka 26% im Inland (mit steigender Tendenz) angebaut werden. Der Rest wird eingeführt aus so exotischen Ländern wie Chile, Südafrika, Australien und Neuseeland sowie aus den EG-Ländern, dem Ostblock und Drittländern wie z.B. Ägypten. Insgesamt verbrauchen wir in Deutschland cirka 400.000 Tonnen jährlich, nicht gerechnet ist der Eigenanbau der Hobbygärtner.
Diese haben immerhin die Gewähr, daß ihre Zwiebeln nicht gegen frühzeitige Sprossenbildung bestrahlt werden, wie es in Italien, Israel, den Niederlanden und Thailand zugelassen ist. Wir persönlich kaufen jedes Jahr 50 kg bei einem Bauern, der biologischdynamisch anbaut, und die Zwiebeln waren bisher immer im April noch in einem ausgezeichneten Zustand. Wenn Sie gut lagern können, ist das sicher den Versuch wert.
Ja, und wenn wir gerade auf dem Biotrip sind: Die Zwiebel ist, nach der Tomate, eine der umweltfreundlichsten Kulturpflanzen. Ein Hoch auf unsere Zwiebel!
Zudem hat sie es auch noch geschafft, alle Nationen friedlich an einem Tisch zu vereinen.
Und so wünschen wir uns, daß sich alle Zwiebeltränen der Welt

zu einem großen See zusammenfinden, und wer den Frieden bricht, wird am Meer der Tränen Zwiebeln schälen, bis der Friede wieder einkehrt.

Jean d'Antville „archithrenius", über das magere Essen in der Klosterschule (13. Jahrhundert):

Am Herde zischt ein armes, irdnes Töpfchen,
Drin schwimmen Erbsen und ein Zwiebelknöpfchen,
Auch Bohnen - magre Kost! - ein Fädchen Lauch:
Die Speisenwürze gibt der Ofenrauch.
Der Geist berauscht sich an Burgunderweine,
Der Mund schlappt nur die Wasserflut der Seine.

Aus dem Lateinischen
übertragen von C.S.G.

Anbau und Sorten

Der Zwiebelanbau macht mit 2.906 ha (1988) in der BRD knapp 6% der gesamten Gemüseanbaufläche aus!
Die stärkste Verbreitung hat sie in den Bundesländern Rheinland-Pfalz, Hessen und Niedersachsen erfahren, wo sich der Anbau seit 1987 verdoppelt hat. So wurden bei uns noch 1978 886 ha, 1988 - also 10 Jahre später - bereits 2.906 ha angebaut. Der Siegeszug der Wunderknolle ist also nicht mehr aufzuhalten. Wie heißt es doch in „My fair Lady“: „Und die Tränen werden fließen nicht zu knapp ...“ in der Zwiebelküche natürlich. Wenn die „Lady der Küche“ erst mal ihre Schale von sich wirft, bleibt kein Auge trocken, die Massen liegen ihr zu Füßen. Leider ist ihr Parfüm etwas streng, fast schon aufdringlich, besonders, wenn sie ihre Schalen ganz fallen läßt. Hier hat schon mancher Kavalier auf die Bekanntschaft verzichtet und lieber das Weite gesucht.
Doch zur Sache, Schätzchen Zwiebelliese. Ein echter Zwiebelfan will sich schon etwas näher über seinen Liebling informieren: So wurde z.B. in den letzten 40 Jahren die Zwiebel neu entdeckt und züchterisch stark verändert. Besonders in den USA, Holland, Schweden, in der Schweiz und in Italien wurden neue Sorten auf den Markt gebracht. Sie unterscheiden sich - abgesehen von ihrer Form - in den Farben: gelb, braun, weiß und rot, wobei der letztgenannten immer mehr der Vorzug gegeben wird. Beim Bundessortenamt sind zur Zeit allein 62 verschiedene Zwiebelsorten aufgelistet. Die Namen lauten Copra, Highdry, Hylight, Hynoon aus Holland sowie Super Bear und Stuttgarter Riesen aus Deutschland. Wissen sollten Sie vielleicht, daß: ägyptische braune Zwiebeln

recht scharf sind und auch dem abgehärtesten Zwiebelkoch das Tranensäckchen zum Überlaufen bringt. Die blauen und weißen Ägypter sind dagegen milder und für unseren Gaumen bekömmlicher.

Italien schickt uns unter anderem die „Cipolline" auch Zwiebelchen genannt. Die kleinen, mehr flachen, Zwiebeln werden auf Märkten als Grill- oder Feinschmeckerzwiebeln angeboten. Sie zählt zu den aromareichen, milden Sorten.

Frankreich bietet in der Bretagne eine breite Palette von Zwiebeln, besonders aber Schalotten an. Im Süden wachsen hauptsächlich Gemüsezwiebeln.

Spanien ist bekannt für seine oft riesigen Gemüsezwiebeln, bei uns auch als Metzgerzwiebeln bekannt. Sie sind mild und herrlich saftig, eignen sich vorzüglich zum Füllen, aber auch zu Salaten und Gemüsen.

Die Zwiebeln aus *Ungarn* und der *Tschechoslowakei* sind meistens nicht sehr groß, oft birnenförmig, würzig und im Geschmack etwas kräftiger als unsere deutschen Zwiebeln.

Eine sehr bekannte Sorte bei uns sind die *Stuttgarter Riesen.* Und, wie der Name schon sagt, von der großkopfigen Art. Sie sind vielseitig verwendbar und besitzen alle Eigenschaften, die wir von einer guten Zwiebel erwarten. Aber, um die richtige Zwiebel für Ihren Gaumen zu finden, heißt die Parole: Probieren geht über Studieren.

Für die Herrschaften mit dem grünen Daumen ist es natürlich einfacher, ihre Lieblingsknolle auf eigener Scholle zu ziehen. Am besten eignen sich dafür humusreiche, sandige Lehmböden. Schwere Ton- und Torfböden sind ungeeignet. Im Hausgarten sollten Sie sich für Steckzwiebeln entscheiden. Ende März gesteckt, können sie schon im Juli geerntet werden, ganz zu schweigen von den würzigen Zwiebelröhrchen, ob im Salat oder Quark ein Hochgenuß. Eine alte Überlieferung besagt: Die Zwiebel muß am 21. März, am Namenstag des Hl. Benedikt, in den Boden. Denn, „Benedikt macht die Zwiebeln dick“, heißt eine alte Gartenregel. Besonders gut gedeihen sie in warmen Sommern mit mäßigem Niederschlag. Darum liegen die Hauptanbaugebiete heut' noch in Ägypten, Spanien, Italien und Zypern, aber auch in Ungarn, der Tschechoslowakei und Polen gedeiht sie gut. Bei uns werden sie hauptsächlich am Niederrhein in Unterfranken, aber auch im Osten um Magdeburg und Leipzig angebaut.

Geschichte und Geschichten über die Zwiebel

Die vielgeliebte, aber auch vielverachtete Zwiebelknolle hat doch, sage und schreibe, an die 5000 Jahre auf dem Buckel, sagen die Botaniker. Ein wahrhaft biblisches Alter. Nicht umsonst zählt sie mit zu den ältesten kultivierten Nutzpflanzen, die wir kennen.

Ihre Wiege stand vermutlich in den unwirtlichen Steppen Asiens. Genaueres haben uns erst die alten Ägypter hinterlassen. So finden sich in den Pyramiden alte Wandmalereien, die den Verzehr der Zwiebel festhielten. Zum täglichen Mahl der Arbeiter an den Pyramiden gehörten Zwiebeln in nicht unerheblichen Mengen.

Als der Geschichtsschreiber Herodot an der riesigen Baustelle ankam, verschlug es ihm fast den Atem ob der Zwiebelwinde. Und schnell notierte er: „Cheopspyramide bald fertig - es stinkt zum Himmel - Sklaven und Ingenieure ernähren sich fast nur von Zwiebeln, Knoblauch und Rettich.

Vielleicht stammt von dort der Spruch: „Der stinkt auch 10 Kilometer gegen den Wind."

Ein alter Spruch aus dem 16. Jahrhundert bemerkt: „Wenn Du von Zwiebeln willst den Duft verjagen, iß Knoblauch, und Du kannst's ertragen."

Übrigens wurde die Zwiebel in Ägypten so verehrt, daß sie in den Rang einer Gottheit erhoben wurde.

So berichtete Plinius, daß die Ägypter unter Anrufung der Zwiebel und des Knoblauchs schwören würden. Was den Spötter Juvenal zu der Bemerkung veranlaßte: „In Ägypten wachsen die Götter wohl im Küchengarten."

Auf die Enthaltung der Priester vom Zwiebelgenuß wurde wohl geachtet, „denn in der Tat schicke sich die Zwiebel weder für fastende Büßer, noch für die, die fröhliche Feste lieben, denn bei den ersteren wecke sie die Begierde, den anderen treibe sie die Tränen ins Auge." Die armen Kerle, bei uns dürfen sie wenigstens noch Zwiebeln essen.

Ausgrabungen neuesten Datums brachten zutage, daß etwa 2200 v. Chr. Zwiebelzöpfe als Grabbeigaben dienten und sogar in die Binden der Mumien gewickelt wurden, also Zwiebelliebe bis zum letzten Atemzug. Von den Ägyptern haben auch die Hebräer die Zwiebel übernommen. Denn, wie heißt es im 4. Buch Moses: „Wir gedenken der Fische, die wir in Ägypten umsonst aßen und der Kürbisse, Melonen, des Lauchs, der Zwiebeln und des Knoblauchs." Kaum in Palästina seßhaft geworden, wurden diese Gemüsesorten sofort wieder angebaut. Wobei die Zwiebeln und der Knoblauch im Vordergrund standen. Die Vorliebe für Zwiebeln bei Tisch (und die damit verbundenen Winde) brachten ihnen bei den Römern den Spitznamen „die Stinkenden" ein.

Wohl dem der kann, „denn nur aus einem gesunden Arsch kommt ein gesunder Furz", sagt bei uns der Volksmund. Und wer so ungeniert mit der Nase seiner Mitmenschen umgeht, muß sich ab und zu auch rauhe Worte gefallen lassen. Oder?

Sei's drum. Ich möchte sie nie missen; und das gleiche dachten auch die alten Griechen, bei denen die sonnige Knolle allgemein verehrt wurde. So vergißt Homer nicht, in der „Ilias" und der „Odyssee" die Vorzüge der Zwiebel zu preisen. Der Dichter Aristohpanes empfahl untreuen Ehemännern, nach dem Schäferstündchen eine Zwiebel zu kauen. Zwiebeln in Ehren, aber als erotisches Parfüm konnten sie sich doch nie durchsetzen. Den untreuen Ehefrauen empfahl er übrigens den gleichen Trick anzuwenden.

„Drum traue niemand, der zur Morgenstund, Zwiebeldüfte hat im Mund.“
Allerdings stieg bei wachsender Bildung und Verfeinerung der Sitten auch die Empfindsamkeit der Nase. Die alte Vorliebe schlug nicht selten in Widerwillen um. Besonders in den höheren Ständen rümpfte man immer mehr das Näschen. Und jemanden die Zwiebel an den Hals zu wünschen, bedeutete nichts Gutes. Nach Knoblauch und Zwiebel zu riechen war nicht mehr schick und wurde als Überbleibsel aus der ungehobelten, bäuerlichen Zeit der Väter angesehen.
Der Spruch: „Der König soll doch Zwiebeln essen“ heißt nichts anderes, als der Betreffende soll Tränen vergießen.
Doch muß man auch hier unterscheiden, nämlich zwischen der süßen und der herben Zwiebel. Die mildere von beiden wird im Orient noch heute direkt aus der Hand gegessen.
Aus der mystischen Ecke ist überliefert, daß der durchdringende Zwiebel- oder Knoblauchgeruch die Heilkraft besitzt bösen Zauber zu brechen und eingeflößtes Gift unwirksam zu machen. Also Zwiebel- und Knoblauchketten im Haus auflhängen und Dracula sucht das Weite!
Und wie in Griechenland machte das hochgeschätzte Knollengewächs dieselbe Entwicklung bei den Römern durch. Je reicher und mächtiger sie wurden, umso mehr wurde der „Stinker“ in die Armenküche verbannt. So verriet der Duft der scharfen Knolle schnell, zu welcher Schicht des Volkes man zählte.
Noch heute sind diese Vorurteile bei uns lebendig. Bei einem Besuch in einer Bauernkneipe auf der Schwäbischen Alb bestellte ich nach einer Rundfahrt einen Wurstsalat mit viel Zwiebeln, worauf der Wirt bemerkte: „Wenn de Reiche wüßtet wia gsond d'Zwiebel send, hättet mir Arme bald koine meh.“

Man weiß also immer noch wohl zu unterscheiden, wer wo hingehört.
Nochmals zurück zu den Römern. Es gab dort auch Zwiebelfeinde wie den bekannten Literaten Horaz, der sich so vor der Knolle ekelte, daß er den Saft der Zwiebel mit Gift verglich und empfahl, den Verbrechern lieber diesen zum Trinken zu geben, anstatt den Schierlingsbecher.
Doch trotz mächtiger Gegner war der Siegeszug dieser Erfolgsknolle nicht aufzuhalten. Mit dem Einfall der Römer in Germanien kam auch die Zwiebel in unsere Kochtöpfe.
Am Anfang war sie, wie alles Neue, nicht besonders gelitten. Doch war selbst Karl der Große von ihr angetan und befahl ihren Anbau. Unter den französischen Königen Ludwig XIV. und XV. wurde die Knolle voll in die Küche integriert.
Sogar die Engländer konnten dem scharfen Reiz der Zwiebel nicht widerstehen und importierten Riesenmengen derselben aus der Bretagne, einem Zwiebelland par excellence, auf ihre Insel.

Alter Brauch

Ballendorf (Alb)

Man lege an Neujahr über Nacht 12 Zwiebelschalen auf das Fensterbrett - für jeden Monat eine - und gebe etwas Salz hinein. Dort wo es viel Wasser zieht, gibt es einen regenreichen Monat.

Heilpflanze Zwiebel

Schon die alten Ägypter wußten über die erstaunliche Wirkung der Zwiebel zu berichten, förderte sie doch die Verdauung und setzte die Winde in Bewegung. Damit ist bewiesen, die Darmflöte spielte schon beim Bau der Pyramiden ihre wohlbekannte Melodie. Nach dem alten Motto: „Hab Sonne im Herzen und Zwiebeln im Bauch, dann kannst Du gut fu... (halt, scherzen steht hier) und Luft hast Du auch."
Unzählige Zwiebelrezepte für die Gesundheit und gegen die Krankheiten sind mündlich und in alten Heilkräuterbüchlein überliefert. Es ist schon erstaunlich, gegen was sie alles helfen soll. Man höre und staune: Sie schützt Magen und Herz, stärkt das Sehvermögen und die Nerven, verdünnt das Blut und bewahrt so vor Thrombosen und Infarkten, besitzt eine harntreibende, blutzukkersenkende Wirkung, läßt die Gallensäfte fließen und hält den Kreislauf in Schwung. Wobei die rote Zwiebel die bessere Wirkung besitzt, hört man! Außerdem regt sie die Durchblutung der Schleimhäute an und fördert so die Aktivitäten der Schleimhautdrüsen.

Eine echte Sensation ist unsere Zwiebelapotheke. Bekannt bis in unsere Tage ist die Wirkung bei Erkältungskrankheiten, Heiserkeit und Entzündungen.
Jüngste Studien in China und Italien haben ergeben, daß regelmäßiger und reichlicher Genuß von Zwiebeln das Risiko, an Magenkrebs zu erkranken um die Hälfte verringern soll.

So schwören russisch-orthodoxe Mönche auf die lebensverlängernde Kraft der Zwiebel, denn hundert und mehr Lebensjahre sind nichts für diese Zwiebelfans.

Auch Wissenschaftler führen das hohe Alter dieser Berufsgruppe auf den reichen Verzehr der Wunderknolle zurück. Beinhalte sie doch jede Menge Vitamine, Mineralstoffe und die unschätzbaren, natürlichen Antibiotika.

Ob allerdings die Zwiebel Ihre Haarpracht vor dem Ausfall schützt, wie der griechische Arzt Galenos schon im zweiten nachchristlichen Jahrhundert behauptete, ist nicht bewiesen.

Aber wer's probieren will, bitte: „Wenn Dein Kopf ist gänzlich ohne Haar, die Zwiebel hilft ganz wunderbar." Dabei soll Zwiebelsaft, mit Honig gemischt, morgens und abends auf das kahle Haupt gerieben werden.

Nun, wie dem auch sei, werfen wir uns in Schale, denn auf geht's zur Hochzeit. Ein alter thrakischer Brauch besagt: „Schenke Zwiebeln zur Trauung, und die Liebeskraft wird nie erlöschen!"

Schließlich werden ihr aphrodisische Mächte nachgesagt. Schon bei den alten Griechen war sie als erotische Stimulanz bekannt. Darum: „Willst morgen Du zur Liesl, esse heute kräftig Zwiebel."

Doch genug der Worte, werfen wir einen Blick auf die große „Heilerin" im Gemüsebeet.

„Auf eine Schale von Tränen folgt eine Schale von Gesundheit."

Zwiebelsirup

Große Zwiebeln in dicke Scheiben schneiden, mit braunem Zucker vermischen und ca. 12 Std. ziehen lassen.

Variante II
Ein bis zwei große Zwiebeln auspressen und mit ca. 300 g braunem Zucker zu Sirup verkochen.

Variante III
Ca. 500 g Zwiebeln fein schneiden und mit 1-2 EL Honig und 400 g Zucker in ca. 1 l Wasser rund 3 Std. köcheln lassen. Nach dem Abkühlen abseihen und in Flaschen füllen. Bei Heiserkeit den Sirup erwärmen und täglich ca. 6 EL einnehmen. Empfohlen auch bei Husten und Bronchitis.

Zwiebelwein

500 g Zwiebeln zerkleinern und mit 1 l Weißwein und 150 g Honig vermischen und ca. 48 Std. ziehen lassen. Bei Husten 3 x täglich vor dem Essen ein Glas trinken.

Zwiebelsaft

Eine dicke Zwiebel sorgfältig aushöhlen und mit Kandiszucker füllen. Mit einer Stricknadel den Zwiebelboden durchstechen und die Wunderknolle auf ein Glas setzen, damit der Heilsaft sofort greifbar ist.
Also, wenn das nicht hilft, dann ist vielleicht schon Hopfen und Malz verloren.

Zwiebelessenz

Ca. 3 Zwiebeln zerkleinern, mit $^1/_2$ l Schnaps übergießen und zugedeckt zwei Tage ziehen lassen und abseihen. Morgens und abends ein Gläschen einnehmen. Soll die Arterien vom Kalk freihalten und hat sicher schon manchen zum Antialkoholiker gemacht. Prost!

Rohe Zwiebelwürfel

Täglich 50 - 100 g rohe Zwiebelwürfel gegessen soll gegen zu hohen Cholesteringehalt helfen.
Denn glauben macht selig und Zwiebelessen gesund.

Zwiebelscheiben

Eine dicke Zwiebelscheibe über Nacht in Essig gelegt und am nächsten Abend auf das Hühnerauge gebunden, am besten mehrmals, hilft den Plagegeist zu entfernen.

Zwiebelöl

Können Sie in der Apotheke oder Drogerie besorgen. Desinfiziert und schützt vor Infektionskrankheiten.

Zwiebelmilch

1 Tasse Milch in einem Topf erwärmen. Zwei Zwiebelhälften, die Schnittfläche nach unten, hineinlegen. Ungefähr 10 Minuten ziehen lassen. Die Milch vor dem Schlafengehen trinken. Gut gegen Schlafprobleme. Wenn's nicht hilft, zählen sie: Eine Zwiebel, zwei Zwiebeln, bis hundert und zurück, das hilft dann bestimmt. Regelmäßig eingenommen verleiht es übrigens auch eine reine Gesichtshaut.

Zwiebelpflaster

Dicke Zwiebelscheiben in einer Pfanne andünsten. Die Scheiben auf ein Leintuch oder Binde legen und auf den Abszeß binden. Danach mit Salzwasser abwaschen.
Bei Insektenstichen eine halbierte Zwiebel auf die Stelle legen und reiben. Der Schmerz läßt nach und eine Schwellung wird verhindert.

Zwiebel und Kümmel

2 gewürfelte Zwiebeln mit 1 EL Kümmel in $^{1}/_{2}$ l Brandwein legen und 10 Tage darin ziehen lassen.
Nach jeder Mahlzeit 1 Gläschen hilft bei der Verdauung. Hier heißt's dann auch: Liebling rülps nochmal, Du riechst so gut nach Zwiebelschnaps.

Zwiebelsaft

Frisch ausgepreßter Zwiebelsaft - nur frisch verwenden - wird empfohlen bei:
Husten, Erkältungen, Erbrechen, Durchfall und bei anrückendem Sonnenstich. Auch gut zum Einreiben von Warzen und Frostbeulen. Glaube versetzt Berge und hilft den Gepeinigten. Auf jeden Fall schadet's nicht.

Zwiebelumschlag

Zwiebelringe kochen, in ein Tuch legen und so heiß wie möglich um den Hals legen.
Sehr gut gegen Halsschmerzen. In meiner Jugend wurde dieselbe Prozedur mit heißen Kartoffeln durchgeführt.

Zwiebeltee

In ca. 1/4 l Wasser eine Zwiebel, die nur von der äußeren Schale gesäubert wurde, ca. 10 Minuten köcheln lassen. Den Tee mit Kandiszucker süßen und so heiß wie möglich trinken. Wirkt schleimlösend.

Zwiebelwürfel

In Baumwollsocken geben und über Nacht anziehen. Soll gegen Fieber helfen, mit Sicherheit hilft's aber gegen den berühmt-berüchtigten Fußgeruch.

Zwiebelsud

1-2 Zwiebeln in halb Wasser und Milch abkochen. Täglich auf nüchternen Magen einen Zwiebelsud getrunken soll bei Kindern die Würmer vertreiben.

* * *

Nach so viel Krankheit etwas zum Aufmuntern: Es treffen sich zwei Wurmfrauen. Da fragt die eine: „Wie geht's auch Ihrem Mann?“
Da sagt die andere: „Oh, schlecht!“ „Und warum?“ „Er ist heute beim Angeln."

Makaber? Gut, ab morgen ist Fisch gestrichen.

Die Zwiebel

Mit einem lachenden und einem weinenden Auge eröffnen wir die Zwiebelküche. Denn keine Pflanze erfreut sich solcher Beliebtheit und drückt gleichzeitig auf die Tränendrüse wie die Königin der Küche, die Zwiebel.
Dabei ist sie auch noch von fürstlicher Herkunft, stammt sie doch von der berühmten Familie der Liliengewächse ab. Zu ihrer Verwandtschaft zählt unter anderem auch der wildwachsende Bärlauch, der Weinberglauch und der wilde Schnittlauch. Uns mehr bekannt sind die kultivierten Abkömmlinge wie Knoblauch, Schalotte und Lauch. Eines haben sie allerdings alle gemeinsam - ihr strenges beißendes Aroma, gegen das allerdings kein Kraut gewachsen ist. Bei der zu Tränen reizenden Substanz handelt es sich um flüchtige, ätherische Senföle. Das sind organische Schwefelverbindungen, die je nach Wassergehalt der Zwiebel stärker oder schwächer die Tränen hervorlocken. Aber gerade diese Substanzen wirken heilend und infektionshemmend, was schon unseren Vorfahren bekannt war.
Ein scharfer Typ ist sie auf jeden Fall, besonders wenn sie ihre begehrten Schalen fallen läßt, brechen ihre Anhänger vor lauter Begeisterung in Tränen aus. Aber wo viel Sonne ist, ist auch viel Schatten. Und so hat sie auch ihre Gegner, wenn sie nur das Wort „Zwiebel" hören, suchen diese Kostverächter das Weite. Denen eine Träne nachzuweinen wäre reine Zeitverschwendung, denn eine gute Küche ohne unsere Wunderknolle ist schlicht unvorstellbar.
Als Star in den Kochtöpfen steht sie in der Gunst der Köche

obenan, sei es nun als Speise-, Gemüse-, Perl- oder Lauchzwiebel oder gar als Schalotte, genießt sie internationalen Ruhm.
Schauen wir uns doch die so gelobte Superknolle etwas näher an.
Die *Speise- oder Gewürzzwiebel* ist wohl die bekannteste Knolle in unserer Küche. Sie gibt es in verschiedener Größe, in den Farben gelb bis braun, ist das ganze Jahr erhältlich und kann auch länger gelagert werden.
Mit ihr lassen sich problemlos die beliebten Trompetentorten, gleich Zwiebelkuchen und Zwiebelsuppen herstellen. Auch als Gewürz zu Salaten, Quark und Braten ist sie bestens geeignet.
Die *großen Gemüsezwiebeln,* die meistens aus Spanien kommen, oft bis zu einem Pfund schwer, eignen sich gut für Gemüse, Salate und zum Füllen.
Immer beliebter werden die *roten Zwiebeln.* Sie kommen aus Italien und den Balkanländern und zeichnen sich durch ihren würzigen, milden Geschmack aus. Sind sehr beliebt in Salaten und Gemüsen.
Die *großen weißen Zwiebeln* mit der glänzenden Schale gibt es im Sommer zu kaufen. Sie wachsen in Italien und Ägypten, sind sehr saftig und dadurch nicht lange lagerfähig. Sie eignen sich für alle Gerichte und sind auch roh sehr bekömmlich.
Frühlingszwiebeln, auch als Lauchzwiebeln bekannt, werden frisch geerntet und zusammen mit ihrem Grün in Bündeln angeboten. Sie sollten rasch aufgebraucht werden. Gut geeignet für Salate, Quark oder einfach frisch aus der Hand.
Bei den *Schalotten* tritt der Spruch in Kraft: „Klein aber fein.“ Sind sie doch die beste Zwiebelsorte für ganz auserlesene Gerichte. Ihr Aroma ist milder, aber trotzdem würzig. Sie sind ungefähr haselnußgroß und werden im Spätsommer angeboten und sind längere Zeit lagerfähig.

Übrigens enthalten 100 g frisch geschnittene Zwiebel:
1 g Eiweiß, 9 g Kohlenhydrate, die Mineralstoffe Calcium, Eisen, Kalium, Natrium, Phosphor. Außerdem die Vitamine A, B_1, B_2, und C. Zusammen ergibt es einen Brennwert von 42 Kalorien.

Doch genug der Theorie, jetzt werden Sie mal gezwiebelt. Auf die Erklärung, wie die Zwiebeln im einzelnen geschnitten werden, verzichte ich großzügig. Wichtig beim Zwiebelschneiden ist, daß Sie den Wurzelstock nicht entfernen, denn er hält die Zwiebel beim Schneiden zusammen. Ansonsten empfehle ich ein scharfes Messer zu verwenden. So tritt am wenigsten Saft aus, und die Tränen halten sich in Grenzen.
Schälen Sie die Zwiebel am besten im Stehen am Fenster oder am Herdabzug, und atmen Sie durch den Mund, so entgehen Sie am ehesten der Heulerei am Herdesrand.
Um den Zwiebelgeruch an den Händen zu entfernen, genügt es, sie mit Essig oder Zitronensaft zu reinigen.

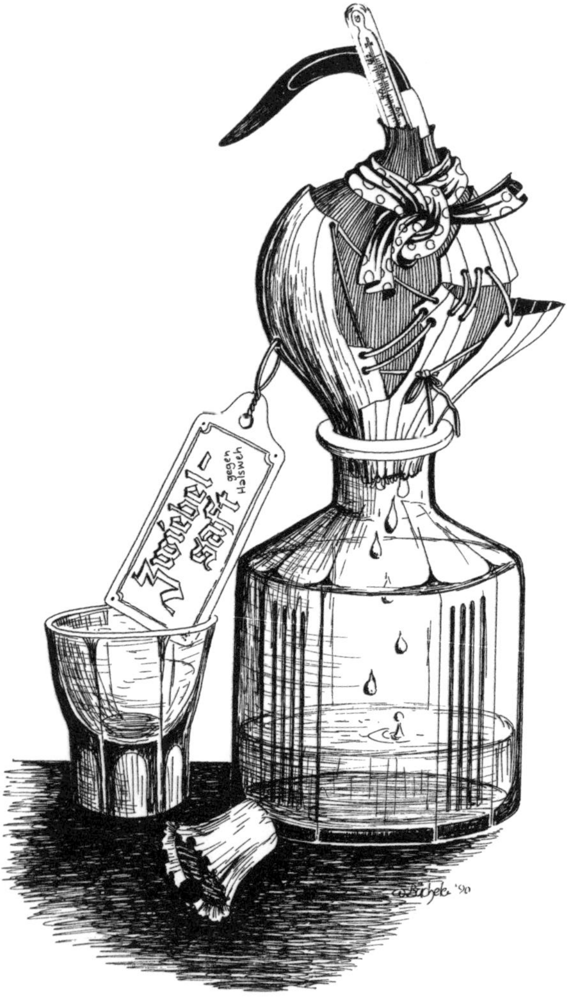
Zwiebel-
saft
gegen
Halsweh

Zwiebelsaft

Der rohe Zwiebelsaft ist nicht nur in der Heilkunde bekannt, sondern auch in der Küche ein echter Schatz.

Er bietet sich zur Verfeinerung von Soßen, Salaten, z.B. Tomatensalat oder Gemüsen geradezu an. Denn ein paar Tropfen von dem Zwiebelelixier geben dem Gericht oft erst den letzten Schliff. Aber woher so schnell nehmen, fragen Sie sich sicher. Extra die Küchenmaschine zusammenbauen, dafür ist der Aufwand zu groß.

Dabei ist der Zwiebelsaft schneller und sparsamer mit der altbekannten, vertrauten Zitronenpresse herzustellen. Schneiden Sie einfach das Ende der geschälten Zwiebel ab und pressen Sie den Saft wie bei der Zitrone aus. Oft genügt es auch, einfach mit dem Messerrücken über die Schnittfläche der Zwiebel zu fahren und der Saft steht zur Verfügung.

„Er ist wie eine Zwiebel, steckt
seinen Kopf in jede Suppe."

Zwiebelsuppe überbacken

5 große Zwiebeln
75 g Butter
1 l Brühe
1/8 l Weißwein, Weißbrot
geriebenen Emmentaler
Salz, Pfeffer

*

Die Zwiebeln schälen, in Scheiben schneiden und in der Butter hellgelb andünsten, mit der Brühe aufgießen und ca. 30 Min. köcheln lassen. Zum Schluß den Wein zufügen und würzig abschmecken. Die Suppe in feuerfeste Tassen verteilen, mit einer Weißbrotscheibe belegen, mit dem geriebenen Käse bestreuen und im Grill oder Ofen bei 200° goldgelb überbacken.

Französische Zwiebelsuppe „Elsaß“

350 g Zwiebeln
50 g Butter, 25 g Mehl - muß nicht sein
100 g geriebenen Hartkäse
4 Scheiben Weißbrot, 1 1/4 l Fleischbrühe
1 Glas Weißwein, Salz, Pfeffer

*

Die Zwiebeln schälen, in feine Scheiben schneiden und in Butter goldgelb dünsten, mit Mehl bestäuben und unter Rühren ca. 5 Min. durchschwitzen lassen. Mit heißer Fleischbrühe ablöschen, mit Salz und Pfeffer würzen, bei kleiner Hitze gut 20 Min. köcheln lassen und den Wein beigeben. Das Weißbrot in Würfel schneiden, mit dem Rest der Butter in einer Pfanne kräftig rösten, portionsweise in feuerfeste Suppentassen geben. Die heiße Zwiebelsuppe aufgießen, mit Käse bestreuen und im vorgeheizten Backofen goldgelb backen. Statt der Brotwürfel genügt es, wenn Sie einfach kleine Weißbrotscheiben auf die Suppe legen, den Käse darüber streuen und überbacken.

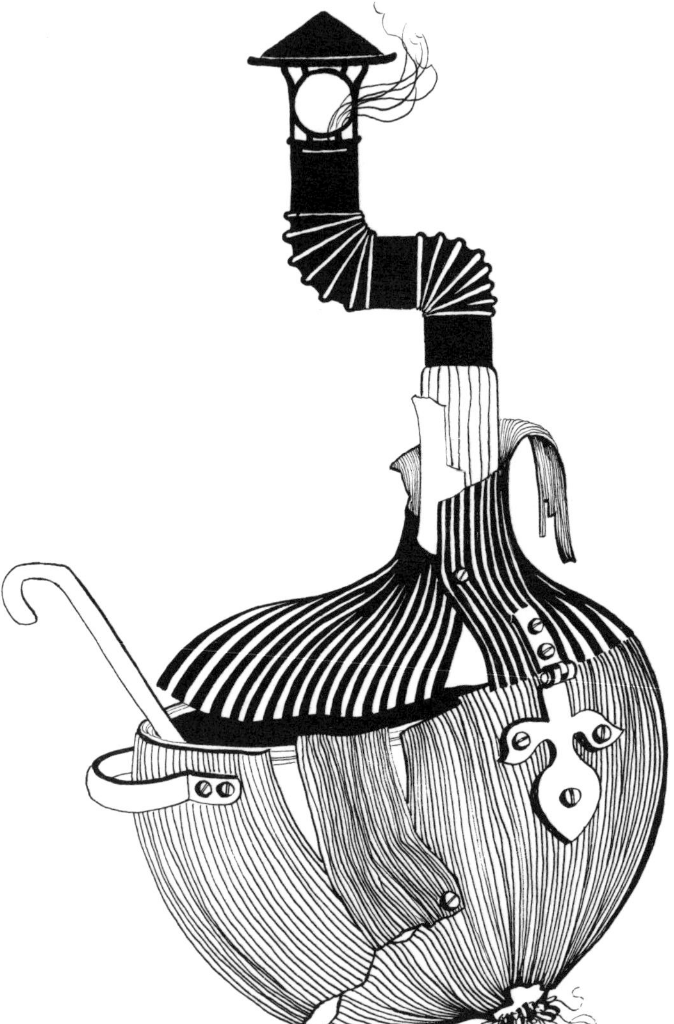

Badische Zwiebelsuppe

500 g Zwiebeln
60 g Butter oder Margarine
ca. 15 g Mehl, 1 l Brühe
2 Toastscheiben
2 Eigelb, 4 EL Sahne, 1/8 l Weißwein
Salz, Pfeffer, Schnittlauch

✷

Die Zwiebeln schälen und in Scheiben schneiden. Die Butter erhitzen und die geschnittenen Zwiebeln ca. 3 Min. glasig dünsten, das Mehl dazugeben und kurz mit anschwitzen. Nun die heiße Kraftbrühe darüber geben, abschmecken und ca. 20 Min. köcheln lassen. Das Brot in Würfel schneiden und in der Pfanne mit Butter anrösten. Vor dem Servieren das Eigelb mit dem Wein und der Sahne verkleppern, in die Suppe geben und kurz ziehen lassen. Die Suppe darf nicht mehr kochen!

Nun die Brotwürfel und den feingehackten Schnittlauch auf die Suppe streuen und in vorgewärmter Terrine auftragen.

W. Büchele 1990

Zwiebelsuppe „Pusta“

Zutaten für ca. 8 Personen

5 große Gemüsezwiebeln, einige Knoblauchzehen
1 Dose Chillibohnen, 3 Dosen rote Kidneybohnen
500 g Hackfleisch, 2 große Dosen Tomaten
Schweineschmalz oder Öl
Salz, Pfeffer, Paprika, Tabasco

✷

Das Hackfleisch in Schweineschmalz scharf anbraten, Zwiebeln und Knoblauchzehen kleinhacken und mitdünsten, die zerdrückten Tomaten sowie die Bohnen dazugeben und etwa 20 Min. köcheln lassen.

Mit den Gewürzen abschmecken,
eventuell 2 Glas Obstler beigeben.

Dazu wird Weißbrot gereicht.

Das gibt Stimmung im Saal.

Zwiebelbrotsuppe

3-4 Zwiebeln
Brotreste, 2 EL Butter
1 1/2 l Kraftbrühe oder Wasser
1/8 l Wein, 1/8 l Sahne
1 Eigelb
Salz, Pfeffer, Flüssigwürze

✷

Die Zwiebeln schälen, in Scheiben schneiden und mit den Brotresten in Butter anbräunen, die Kraftbrühe aufgießen, würzen und ca. 30 Min. köcheln lassen. Dann alles zusammen durchpassieren, den Wein beigeben, nachwürzen und mit Eigelb und der Sahne legieren. Vor dem Servieren mit gehackter Petersilie bestreuen.

Eine ausgezeichnete Resteverwertung.

Lyoner-Zwiebelsoße

3 EL Mehl, 4 EL Butter
3/4 l Fleischbrühe
5 Zwiebeln, 50 g Champignons
1 Knoblauchzehe
1 Glas Weißwein, 1 Eigelb
Zitronensaft, Salz, Pfeffer, Petersilie

Das Mehl in 2 EL zerlassener Butter anschwitzen, nach und nach die Brühe zugeben und die Soße langsam bis auf etwa 1/2 l einkochen lassen. Die dünnen Zwiebelringe, die zerkleinerten Pilze und die gehackte Knoblauchzehe mit den restlichen 2 EL Butter anrösten, Weißwein zugießen und etwas köcheln lassen. Die Soße zu der Zwiebelmasse geben und nochmals ca. 3 Min. köcheln lassen. Das Eigelb in die Soße rühren, die Masse durch ein Sieb streichen und mit Salz, Pfeffer, Zitronensaft und viel gehackter Petersilie würzen.

Dazu paßt ein Kalbschnitzel, Reis und Salat.

Senfsoße zum Fondue

3 große Zwiebeln
1 EL Butter, 1 EL Mehl
Fleischbrühe
Zitronensaft
mittelscharfer Senf
Dosenmilch, 1 Eigelb

✱

Die Zwiebeln klein hacken und in wenig Butter andünsten, mit Mehl bestäuben und mit Fleischbrühe ablöschen, ca. 15 Min. köcheln lassen, mit Zitronensaft und dem Senf abschmecken. Mit der Dosenmilch und dem Eigelb vor dem Servieren die Soße noch verfeinern.

W.Bücheler '90

Katerfrühstück

2 Brötchen
Butter
2 Tomaten
1 Gemüsezwiebel
4 Rollmöpse

*

Die Brötchen halbieren und mit Butter bestreichen. Tomatenscheiben auf die Brötchenhälften legen, reichlich mit Zwiebelringen belegen und obenauf kommt der Rollmops.

Manchem soll es schon geholfen haben.

Es ist das Weib ein süßes Übel
Ein leichtes und ein schweres Joch
Es kommt mir vor wie eine Zwiebel
Man weint dabei und ißt sie doch.

w.Büchele 1990

Marinierte Schalotten „Venus“

1 kg Schalotten
3 Karotten, Olivenöl
1/4 l trockenen Wein
Zitronensaft, Zucker
Thymian, Salz, Pfeffer
50 g Rosinen

*

Wurzelansatz der Schalotten so abschneiden, daß sie nicht auseinander fallen. Schalotten abbrühen und die Schalen entfernen. Die Karotten würfeln und in Öl andünsten, Wein und Schalotten dazugeben. Mit Zitronensaft, Thymian, Salz und Pfeffer würzen, Rosinen in den Sud geben, 1/2 l Wasser zugießen und im geschlossenen Topf 30 Min. bei schwacher Hitze garen.

Vor dem Servieren mindestens 12 Std. im Kühlschrank ziehen lassen.

Zwiebeltoast

2 große Zwiebeln
20 g Butter
Salz, Pfeffer
4 Toastbrote, Mayonnaise
2 gekochte Eier
4 Scheiben Käse

✱

Die geschälten Zwiebeln in Scheiben schneiden, in Butter goldgelb anschwitzen und würzen. Die Toastscheiben anrösten, mit Mayonnaise bestreichen, die abgekühlten Zwiebeln darauf verteilen, darauf die Eierscheiben legen und mit Käse belegen. In den vorgeheizten Grill schieben und bei 220° ca. 2 Min. gratinieren.

Wer es gerne grün hat, serviert den Toast auf Salatblättern, die mit Tomatenvierteln garniert sind.

Curry-Zwiebel-Eier

1 EL Butter
1 große Zwiebel
2 Eier
Salz und Curry
Schnittlauch

✱

Butter in einer Pfanne auslassen, die gewürfelte Zwiebel zugeben und glasig dünsten. Die verklepperten Eier dazugießen, würzen und nicht zu fest stocken lassen.

Schmeckt gut zum Frühstück,
auf Toast und kalt zum kalten Buffet.

Da das Auge mitißt, immer mit Schnittlauch bestreuen.

ÜNCHE
w. Büchele 1990

Bierhappen „München“

8 Scheiben Toast
6 EL Mayonnaise
10 Zwiebeln
150 g geriebener Käse
gemahlenen Kümmel
Salz

✷

Die Weißbrotscheiben dünn mit Mayonnaise bestreichen und diagonal durchschneiden. Die in dünne Scheiben gehobelten Zwiebeln auf die Brote verteilen, den Rest Mayonnaise auf die Zwiebeln geben, den geriebenen Käse daraufstreuen und mit Kümmel und Salz würzen. Die Brote auf ein Backblech setzen und im vorgeheizten Backofen goldgelb überbacken.

Sofort servieren!

Eingelegte Zwiebeln

kleine, runde Zwiebeln nach Bedarf
Essig
schwarze Pfefferkörner
Peperoni
Salz, Zucker

✷

Die geschälten Zwiebeln in einen Topf geben, knapp mit Essig bedecken, aufkochen lassen und herausnehmen. Gläser mit heißem Wasser ausspülen. Die Zwiebeln mit den o.g. Zutaten schichtweise einlegen und mit frischem abgekochtem Essig heiß übergießen und fest verschließen.

Mindestens einen Monat stehen lassen.

Sollte bei keinem Buffet fehlen.

Zwiebeln - griechisch

750 g kleine Zwiebeln
Wasser und Weißwein
Olivenöl
Saft von 2 Zitronen
Lorbeerblatt
Salz, Pfefferkörner

✷

Die Zwiebeln, in Griechenland Plaki genannt, schälen und im gewürzten Wasser-Weißwein-Gemisch ca. 25 Min. köcheln lassen. Den Topf vom Herd nehmen, und die Zwiebeln im Sud abkühlen lassen. Mit einem Schaumlöffel herausnehmen, in eine Schüssel geben, etwas Fond darübergießen und servieren.

Ob als Gemüse oder Vorspeise werden sie in Griechenland immer kalt serviert.

Ich würde die Zwiebeln als Gemüse lieber warm verspeisen. Wobei der Sud mit etwas Sahne und Paprika verfeinert werden kann.

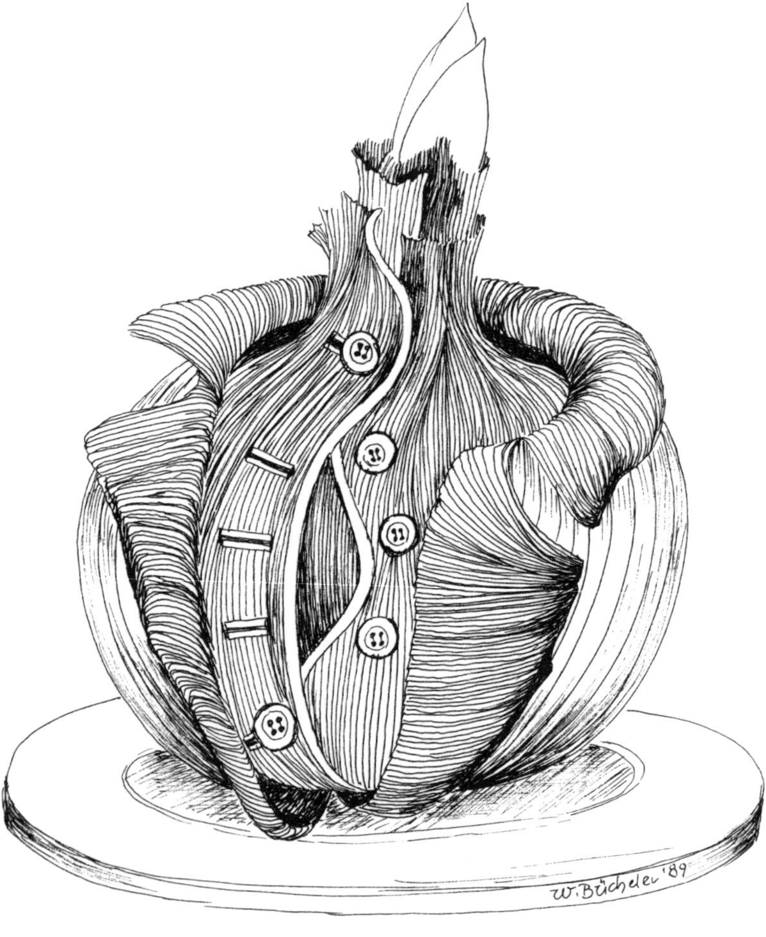
W. Büchler '89

Zwiebelringe im Bierteig

Für den Teig:

130 g Mehl
1 EL Öl, 1 EL Bier
2 Eiweiß
Salz, Pfeffer

Hinzu pro Person:

1 dicke Gemüsezwiebel
Mehl zum Bestäuben
Kümmel, geriebenen Käse
gehackte Petersilie

*

Das Mehl mit Öl, Bier, Salz und Pfeffer gut vermischen, danach den Teig ca. 30 Min. ruhen lassen. Das Eiweiß steif schlagen und unter den Teig heben. Zwiebelringe mit Mehl bestäuben, durch den Teig ziehen und goldgelb im heißen Fett ausbacken. Nach Belieben mit dem geriebenen Käse oder gehackter Petersilie bestreuen.

Lompasupp - Schwaben

Öl
Essig, Wasser
Salz, Pfeffer
400 g Schwarzwurst
150 g Käse (Romadour)
2 Zwiebeln

✷

Aus den angegebenen Zutaten eine Marinade herstellen. Wurst- und Käsescheiben mit der Soße vermischen und durchziehen lassen. Die Zwiebeln in Ringe hobeln. Den Wurstsalat auf flache Teller verteilen und die Zwiebeln darübergeben.

Dazu schmecken Wasserwecken und 1 Glas Most.

✷

Rennfahrer Biebele
hot em Arsch a Zwiebele,
brengt's nemme raus,
ond Du bisch drauß!

Südlicher Zwiebelsalat „Venecia“

6 Zwiebeln, 3 Fleischtomaten, 1 Schlangengurke
2 säuerliche Äpfel, 2 Knoblauchzehen
Zitronensaft oder Essig
Salz, Pfeffer, Olivenöl
2 hartgekochte Eier, 3 rote Peperoni
Portwein

✷

Zwiebeln, Tomaten, Gurken und Äpfel in Scheiben schneiden. Den Knoblauch durchpressen. Aus den angegebenen Zutaten eine Soße herstellen. Alles gut durchmischen und ziehen lassen. Mit den gekochten, gewürfelten Eiern und in Ringe geschnittenen Peperoni garnieren.

Den Portwein über das Ganze träufeln
und fertig ist ein knackiger Salat.

Büchele 89

Schalottensalat „Smutje“

10 Schalotten
3 säuerliche Äpfel
Öl
Zitronensaft
Zucker
Salz, Pfeffer

*

Schalotten in Scheiben schneiden, Äpfel schälen, entkernen und fein würfeln. Aus den angegebenen Zutaten eine Marinade zubereiten, mit Sahne verfeinern, über den Salat geben und durchziehen lassen.

Das Ganze zu frischen Matjesfilets servieren.

Der ist nicht einmal
eine Zwiebelschale wert...

Zwiebelrösti „Orchestrion“

500 g Kartoffeln
2 Eier
Mehl
Salz, Pfeffer
6 Zwiebeln
150 g Speck, Öl

✷

Die geschälten, rohen Kartoffeln fein reiben, das gezogene Wasser abgießen, Eier, Mehl, Pfeffer und Salz mit der Kartoffelmasse gut vermischen. Die fein geschnittenen Zwiebeln im gewürfelten Speck glasig dünsten. Kartoffelmasse mit dem Speck-Zwiebel-Gemisch gut verrühren. Das Öl in zwei kleinen Teflonpfannen heiß werden lassen, den Teig mit einem Löffel in die Pfännchen geben, gut andrücken und schnell von beiden Seiten goldbraun backen.

W. Büchele 1990

Schmorzwiebeln

kleine Zwiebeln nach Bedarf
Weißwein, Wasser
Lorbeerblatt, Zitronensaft
Zucker, Salz, Pfeffer
Olivenöl
Sahne

✱

Die Zwiebeln schälen und im gewürzten Weißwein-Wasser-Gemisch ca. 25 Min. köcheln lassen. Mit einer Schaumkelle herausnehmen und gut abtropfen lassen. In einer Kasserolle die Zwiebeln in Olivenöl anschmoren und etwas Zucker dazugeben, damit sie schön braun werden, mit Sahne und Weißwein ablöschen und nochmals kurz schmoren lassen.

Gut schmeckt auch eine braune Soße zum Schmoren -
dann zum Verfeinern Rotwein verwenden.

Eine köstliche Beilage zu Hammel,
aber auch zu anderen Fleischgerichten.

Gegrillte Frühlingszwiebeln

2-3 Bund Frühlingszwiebeln
mit Lauchgrün
1/4 - 3/8 l Apfelwein
Öl
Salz, Pfeffer

✷

Frühlingszwiebeln putzen, Lauchgrün nicht entfernen. Apfelwein mit Salz in einem kleinen hohen Topf erhitzen. Frühlingszwiebeln an ihrem Lauchgrün etwa 1-2 Min. in den siedenden Wein halten, vom Herd ziehen. Zwiebeln darin erkalten lassen - das Lauchgrün soll den heißen Most nicht berühren.

Sobald der Wein erkaltet ist, Lauchgrün mit hineindrücken, abtropfen lassen. mit Öl bestreichen und im Grill bei mäßiger Hitze leicht rösten, salzen und pfeffern.

Paßt zu gegrilltem Fleisch.

Frittierte Zwiebelringe

4 mittelgroße Gemüsezwiebeln
Milch
Mehl
Frittierfett
Salz, Pfeffer

*

Die Zwiebeln in dicke Scheiben schneiden, in Ringe ordnen in Milch tauchen und in Mehl wälzen. Das Frittierfett muß so heiß sein, daß ein hineingeworfener Ring sofort nach oben steigt. Vorsichtig die vorbereiteten Zwiebelringe in das heiße Fett geben und frittieren, bis sie goldbraun an die Oberfläche steigen. Mit einem Schaumlöffel herausnehmen, abtropfen lassen und auf Küchenkrepp legen, pfeffern, salzen und sofort servieren.

In der französischen Küche sind sie unter „Oignons frits", bei den Amerikanern unter „Fried Onions" bekannt.

Serviert werden sie als Beilage
zu saftigen Steaks oder Rostbeef.

Überkrustete Zwiebeln

ca. 1 kg mittelgroße Zwiebeln
Salzwasser
50 g Butter
Zitronensaft
80 g geriebenen Käse

*

Zwiebeln schälen, in kochendem Salzwasser nicht zu weich kochen, aus dem Sud nehmen, gut abtropfen lassen und in eine flache feuerfeste gut ausgebutterte Form geben. Mit reichlich Zitronensaft beträufeln, dick mit geriebenem Käse bestreuen, mit Butterflöckchen belegen. Im vorgeheizten Backrohr überbacken, bis die Oberfläche goldbraun ist.

Schmeckt gut zu pikanten Reisgerichten.

Glacierte Zwiebeln und Karotten mit Ahornsirup

500 g Zwiebeln - klein
500 g Karotten
1/2 Tasse Ahornsirup
1/2 Tasse Apfelsaft

*

Die Zwiebeln schälen und in Viertel schneiden. Die Karotten in 1 cm lange Würfel schneiden. Den Ahornsirup und Apfelsaft vermischen und leicht köcheln lassen, bis alles eindickt. Das Gemüse hinzugeben und unter Rühren bei kleiner Hitze 10 Minuten köcheln lassen.

Eine echte Delikatesse zu jedem Essen.

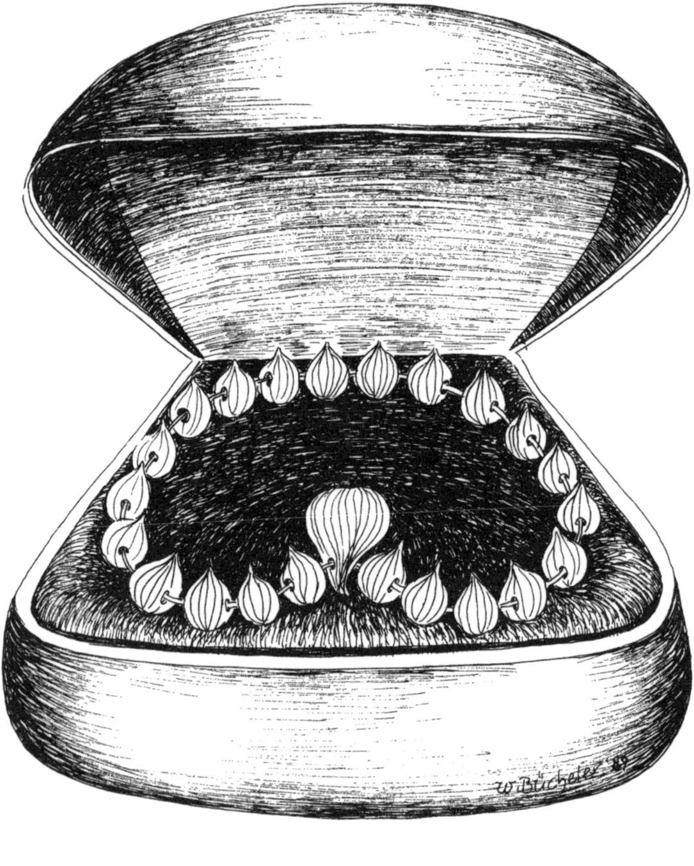

Glacierte Zwiebeln

gleich große, kleine Zwiebeln, pro Person 6 Stück
100 g Butter
2 EL Zucker
1/2 l Brühe
Salzwasser

✷

Die Zwiebeln schälen, in der Mitte durchstechen und im Salzwasser ein paar Min. köcheln, abgießen und gut abtropfen lassen. Butter in einer Pfanne zergehen lassen, den Zucker beigeben und verrühren his er sich auflöst. Jetzt die Zwiebeln beifügen, die Brühe dazugießen, köcheln lassen und ab und zu umrühren. Sobald die Flüssigkeit fast eingekocht ist, die Pfanne vom Herd nehmen und langsam schütteln bis die Zwiebeln gut umhüllt sind. Gut geeignet als Garnitur und Beilage.

Variante I:

Perlzwiebeln mit Wasser abspülen, in eine feuerfeste Form geben, 2 EL Ölivenöl, 1 EL braunen Zucker und 1/4 Tasse Rotwein zufügen. Auf großer Flamme ca. 10 Min. köcheln lassen, die Hitze drosseln und rühren bis die Zwiebeln braun sind und die Soße fest wird.

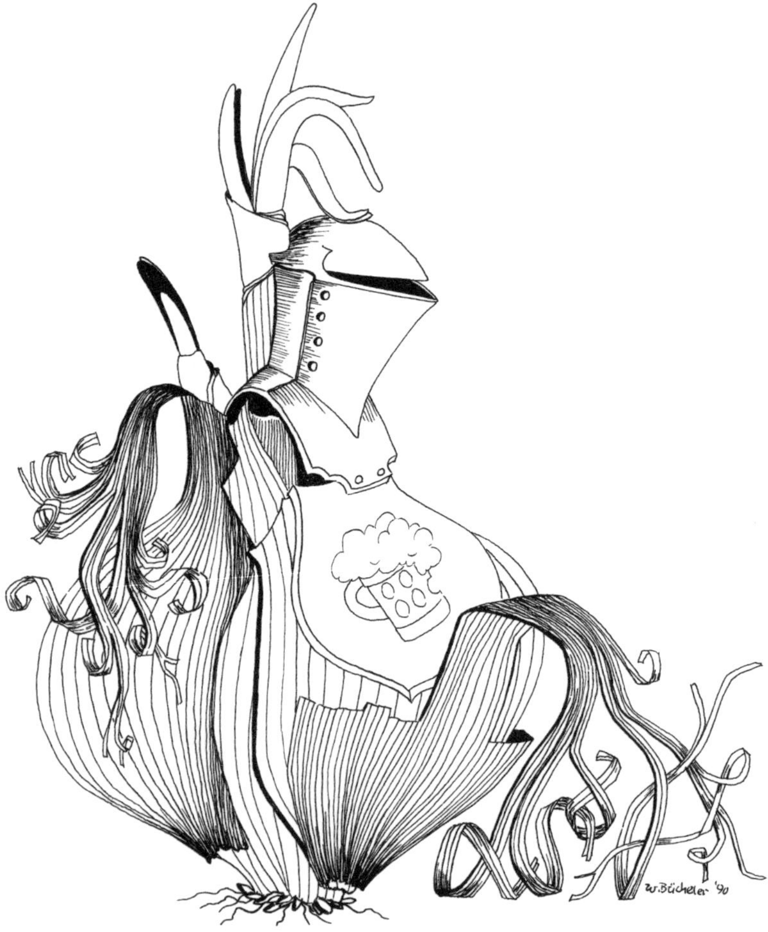
W. Bücheler '90

Gefüllte Zwiebeln

Man kann sie backen, dünsten oder grillen, ganz wie das Rezept es verlangt. Bei den Füllungen sind der Fantasie keine Grenzen gesetzt. So kommen die fleischfressenden ebenso wie die vegetarischen Lukulle voll auf ihre Rechnung. Die tolle Knolle hat in der ganzen Welt ihren Fanclub und sucht ihresgleichen. Auf jeden Fall ist es ein köstliches Gericht, das mit seinem unverwechselbaren, herzhaften Geschmack in jedem Land unter verschiedenen Namen auf den Tisch kommt.

Und wie einfach und schnell ist es doch zubereitet.

Die Zwiebeln schälen und je nach Größe ca. 15 Min. in kochendem Wasser garen lassen. Auf jeden Fall muß sie noch Biß haben, sollte also nicht zu weich gekocht werden, da sie sonst auseinanderfällt. Aushöhlen läßt sie sich am besten mit einem Apfelausstecher oder Butterkugelstecher. Im Notfall hilft aber auch ein Kaffeelöffel. Das Zwiebelinnere sowie der Fond bietet sich hervorragend an, um eine würzige Zwiebelsuppe zu bereiten. Oder aber Sie kreieren eine deftige Zwiebelsoße zu Ihrem Lieblingsgericht.

Ansonsten das Zwiebelinnere mit in die Füllung geben, denn jedes Stückchen das verlorengeht, wäre unverzeihlich.

Und nun rein in die Hülle mit der Fülle.

ALLIUM
CEPA
W.Büchler '90

Gefüllte Zwiebel „klassisch“

4 Gemüsezwiebeln
1 - 2 altbackene Brötchen
125 g gerauchten Speck, 1 Ei
400 g gemischtes Hackfleisch
Liebstöckel, Salz, Pfeffer, Muskat
100 g Käse in Streifen

*

Zwiebeln schälen und 10 - 15 Min. in Salzwasser köcheln lassen, abkühlen und vorsichtig aushöhlen. Brötchen einweichen und gut ausdrücken. Den gewürfelten Speck auslassen und mit den ausgedrückten Brötchen, Ei, Hackfleisch, Liebstöckel sowie den restlichen kleingehackten Zwiebeln gut verkneten und herzhaft abschmecken. Die ausgehöhlten Zwiebeln mit dem Fleischteig füllen und bei mittlerer Hitze 10 Min. anbraten, 1 Tasse Wasser dazugeben und 60 Min. garen. Danach die Käsestreifen über die Zwiebeln legen und im Backofen überbacken.

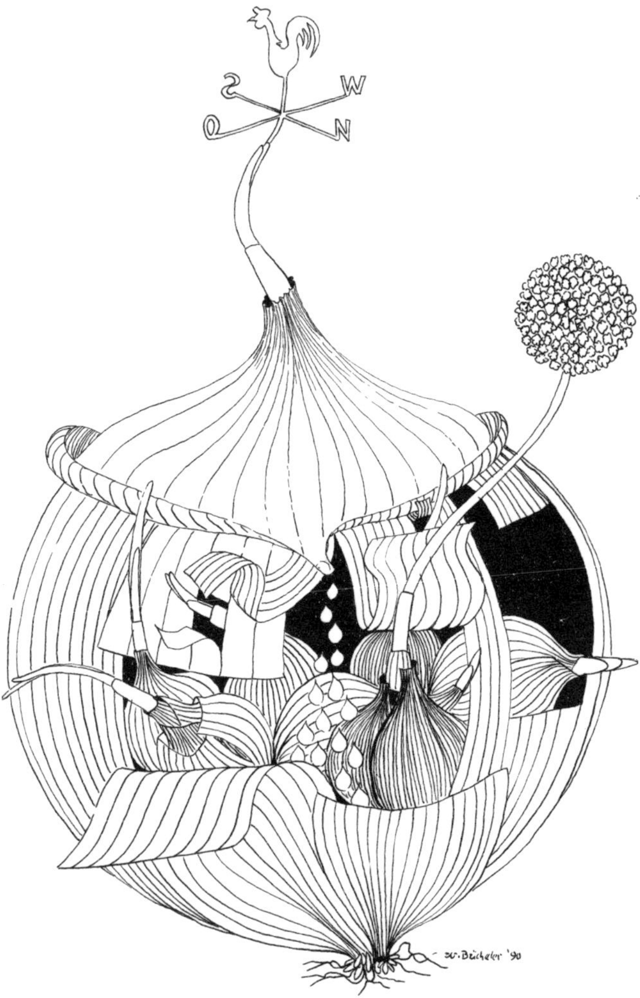
S
W
O
N
W. Bücheler '90

Zwiebel mit Spinatfüllung

2 große Gemüsezwiebeln
Wasser, 2 EL Butter, 125 g Blattspinat
1/8 l Sahne
4 Sardellen, 50 g Schafskäse
Zitronensaft, Muskat, Salz, Pfeffer
1/10 l Weißwein, 2 EL Parmesan

*

Die Zwiebeln schälen und in Salzwasser ca. 10 bis 15 Min. köcheln lassen. Das vorher ausgeschabte Zwiebelinnere fein hacken und in Fett andünsten, den gewaschenen Spinat fein hacken und zusammen mit der Sahne zu den angedünsteten Zwiebeln geben, etwas köcheln lassen. Zum Schluß die kleingeschnittenen Sardellen und die Käsewürfel untermischen, mit Zitronensaft, Salz, Muskat und Pfeffer abschmecken. Die Masse in die ausgehöhlten Zwiebeln füllen, in eine gefettete feuerfeste Form setzen, mit dem Wein begießen und mit Parmesan bestreuen.

Im vorgeheizten Ofen bei 180° ca. 45 Min. überbacken.

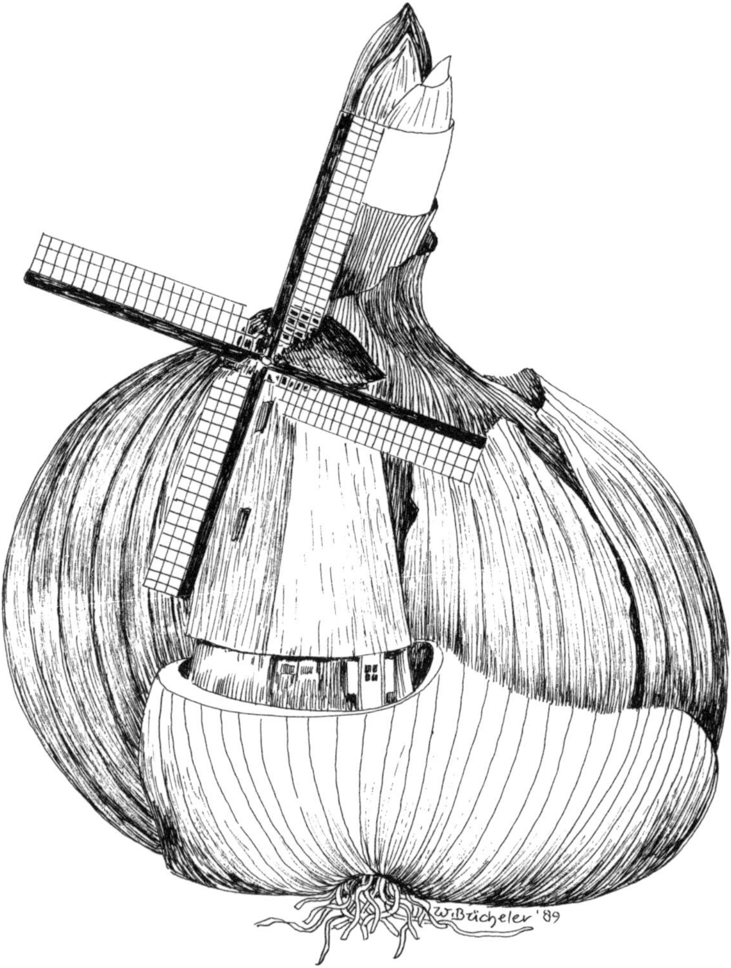
W. Bücheler '89

Zwiebeln mit Schinkenfüllung „Amsterdam"

8 mittelgroße Zwiebeln
Wasser, 150 g Schinkenreste, 40 g Butter, Petersilie
50 g geriebenen Emmentaler
1 Eigelb, 1 TL Senf, 4 EL Semmelbrösel
Salz, Pfeffer, 1/2 l Fleischbrühe

✷

Die Zwiebeln schälen, 10 - 15 Min. in Salzwasser köcheln lassen und aushöhlen. Die Schinkenreste kleinschneiden, mit dem in 20 g Fett angedünsteten Zwiebelfleisch sowie der Petersilie, Käse, Eigelb, Senf, Semmelbrösel und den Gewürzen vermischen, die Zwiebeln füllen, in eine ausgefettete feuerfeste Form setzen, Fleischbrühe dazugeben einige Butterflocken aufsetzen und im vorgeheizten Ofen bei 180° ca. 45 Min. überbacken.

W.Bücheler '90

Schwäbischer Rostbraten „Hausfrauenart“

Salz, Pfeffer
Rostbraten pro Person 150 - 200 g
Öl, Butter
Spätzle
Sauerkraut, Zwiebelringe

*

Fleisch würzen und in Öl kräftig anbraten, abgießen, Butter in die Pfanne geben und das Fleisch kurz nachbraten.

Spätzle in Butter schwenken, Kraut dazugeben und zusamrnen gut durchbraten. Spätzle-Kraut-Gemisch auf einen heißen Teller legen, Rostbraten darauf und geröstete Zwiebeln darüber geben.

Dazu mundet ein Glas Trollinger.

Zwiebelgulasch

500 g Rindfleisch von der Wade
Öl
Tomatenmark
Kümmel, Paprika
Salz, Pfeffer
500 g Zwiebeln

✷

Das Fleisch in mundgerechte Würfel schneiden, in Öl scharf anbraten, Tomatenmark beigeben und gut würzen. Mit Wasser auffüllen, bis alles bedeckt ist und ca. 1 1/2 Std. köcheln lassen.

Die Zwiebeln schälen und ca. 10 Min. im Salzwasser garen, 30 Min. vor Fertigstellung des Gerichts die Zwiebeln beigeben und noch ca. 30 Min. schmoren lassen.

Eine andere Variante der Zubereitung ist, die Zwiebeln von Anfang an mitzuschmoren.

Hierzu reicht man Brot und
1 Glas Rotwein sollte nicht fehlen.

w. Brücheler '90

Zwiebeltopf „Postillon“

100 g gerauchten Speck
500 g Zwiebeln
Weißwein, Fleischbrühe
Lorbeerblatt
400 g Knoblauchwurst
Zucker, Salz, Pfeffer

✷

Den Speck in feine Würfel schneiden und auslassen. Zwiebelringe im Speckfett andünsten und mit Wein ablöschen. Die Brühe sowie das Lorbeerblatt dazugeben und etwas köcheln lassen. Gut würzen!

Die Knoblauchwurst in dünne Scheiben schneiden und alles zusammen ca. 10 Min. ziehen lassen.

Wer Pellkartoffeln zum Zwiebeltopf serviert,
liegt immer richtig.

FRÜHLING LÄSST SEIN BLAUES BAND
WIEDER FLATTERN DURCH DIE LÜFTE.....

Frühlingszwiebeln - Schaumomelett

2 Eier
frische Kräuter, Salz, Pfeffer
Butter
Frühlingszwiebeln nach Bedarf
Weißwein
Creme fraiche

✷

Eier trennen. Das Eiweiß steifschlagen. Eigelb und die angegebenen Zutaten und die Hälfte der Kräuter unter den Eischnee heben. Fett in einer Pfanne zerlassen, Eimasse hineingeben und bei milder Hitze stocken lassen. Frühlingszwiebeln in schräge Ringe schneiden und in Weißwein dünsten, Creme fraiche und die restlichen Kräuter einrühren und abschmecken. Die Masse auf die Omeletts geben und zusammenklappen.

Ein leichtes Abendessen,
das in null Komma nix zubereitet ist.

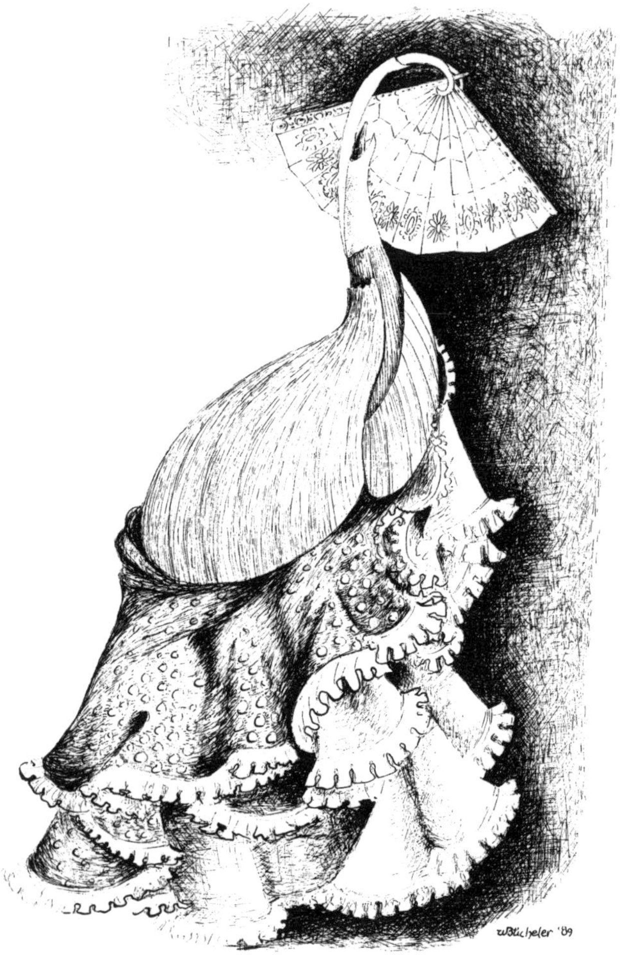
wBüchyeler '89

Spanisches Omelett „Olé“

2 - 3 Zwiebeln
Butter, 500 g Fleischtomaten
Kräuter
4 - 6 Eier
6 EL Mehl, Sahne
Salz, Pfeffer

✱

Die Zwiebeln schälen, in Ringe schneiden und in Butter glasig dünsten. Tomaten abbrühen, die Haut abziehen und in Würfel schneiden. Zusammen mit den Zwiebeln, den Kräutern kurz anschwenken und würzen. Einen Eierteig zubereiten und davon 4 große Omeletts herstellen. Die eine Hälfte mit der Füllung bestreichen und zusammeklappen. Gut mundet dazu, wenn Sie der Füllung noch Schinkenwürfel beigeben.

Eine bunte Salatplatte ist hier die richtige Beilage.

Schweizer Zwiebel - Kartoffelgratin: „Zermatt“

500 g Gemüsezwiebeln
500 g festkochende Kartoffeln, Butter
Salz, grüner Pfeffer
Milch
1/8 l Sahne, 150 g geriebenen Käse

✷

Zwiebeln und Kartoffeln schälen, in Ringe bzw. Scheiben schneiden, eine feuerfeste Form ausbuttern, lagenweise Kartoffeln und Zwiebelringe aufeinander schichten. Jede Lage mit Salz und zerdrücktem grünen Pfeffer würzen. Milch an die Mischung gießen, daß sie fast bedeckt ist. Langsam zum Kochen bringen und im Backofen bei 200° 60 Min. garen. Die Milch sollte voll aufgesogen sein. Sahne rundet den Geschmack ab.

Zum Schluß den geriebenen Käse darüberstreuen.

Dazu reicht man Salat und
einen trockenen Weißwein.

Gemüsetopf „Schrebergarten"
W. Büchler '89

Zwiebel - Reis - Gemüsepfanne „Gärtnerin“

2 große Zwiebeln
1 Stange Lauch, rote und gelbe Paprika
Öl oder Butter, Geflügelbrühe, Sherry
Reis, Paprika, Salz, Pfeffer
1 EL geröstete Sonnenblumenkerne, Schnittlauch

✱

Das Gemüse kleinschneiden, in Fett andünsten, zugedeckt bei milder Hitze ca. 8 Min. dünsten. Geflügelbrühe und Sherry zugeben, Reis untermischen und würzen. Mit den gerösteten Sonnenblumenkernen und Schnittlauchröllchen bestreuen.

Dazu empfehle ich Kalbschnitzel
und grünen Salat.

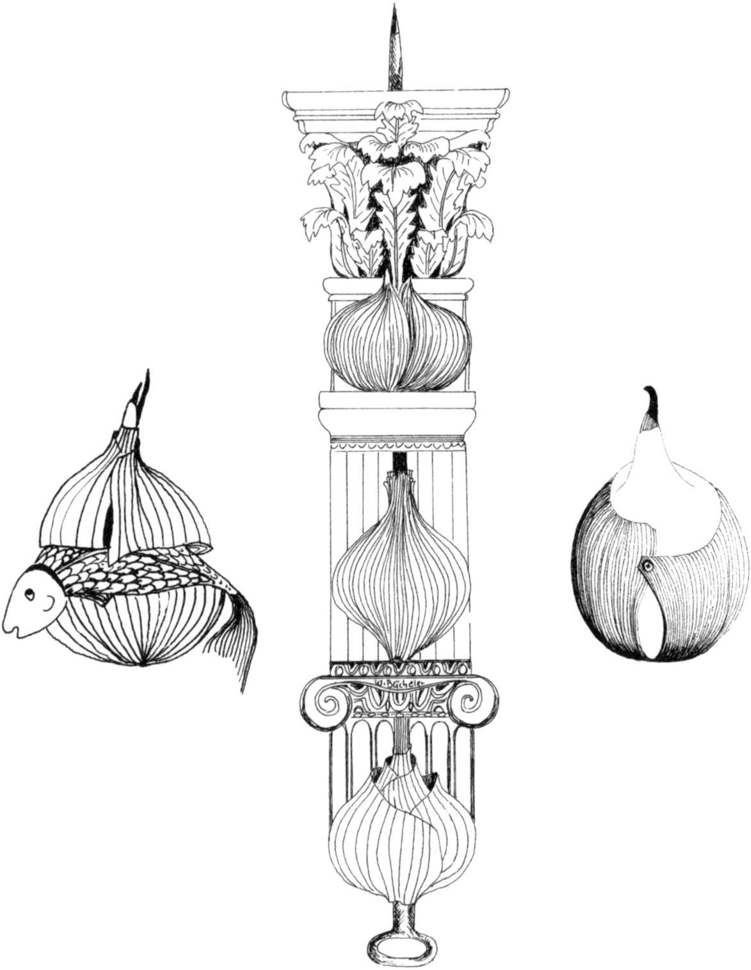

Zwiebelspieß „Spartakus“

je nach Bedarf:
kleine Zwiebeln, gekochten Schinken

auf Wunsch:
Salami, Paprika, Tomaten, Ananas

*

Die Zwiebeln schälen und in Salzwasser kochen. Die restlichen Zutaten in Würfel schneiden und ganz nach Lust und Laune auf Spieße stecken. Die Spieße mit gewürztem Öl bestreichen und auf den Grill legen oder in der Pfanne braten.

Ein echter Partyspaß, denn jeder ist sein eigener Koch.

Dazu paßt eine große Schüssel Salat
und Bauernbrot.

1990

Zwiebelfisch in Folie

800 g Rotbarschfilet
Worcestersoße
Zitronensaft
Salz, Pfeffer
2 Bund Frühlingszwiebeln
50 g Butter

*

Fischfilets waschen, trockentupfen und marinieren. Die Frühlingszwiebeln putzen, waschen, mit dem Grün fein schneiden und in Butter andünsten. Die Fischfilets portionsweise auf vier große vorbereitete Alufolien setzen. Frühlingszwiebeln samt dem Dünstfett darauf verteilen, Alufolienpäckchen fest verschließen und auf einem Backblech auf der mittleren Schiene des Backofens bei 200° ca. 40 Min. garen.

Dazu schmecken Petersilien-Kartoffeln und Salate.

Zwiebelfisch im Römertopf

750 g Seelachs - oder Goldbarschfilet
Zitronensaft, Salz, Worcestersoße
4 Fleischtomaten
2 Bund Frühlingszwiebeln, Schnittlauch, Petersilie
150 g geriebenen Käse
Butter, Creme fraiche

✷

Das Fischfilet kalt abspülen, mit Zitronensaft, Worcestersoße und Salz marinieren und ziehen lassen. Tomaten überbrühen, enthäuten und in Stücke schneiden, Frühlingszwiebeln säubern und in Ringe schneiden. Zwiebeln, Tomaten, Gewürze, Petersilie und Schnittlauch mischen und einen Teil in den vorgewässerten Römertopf geben. Fischfilet darauflegen und mit dem restlichen Gemüse bedecken. Nach Belieben etwas Weißwein dazugeben.

Käse darüber streuen, mit Butterflöckchen belegen und bei 200° im Backofen 30 Min. garen.

Die Fischstücke vorsichtig herausheben, das Gemüse mit Creme fraiche verrühren und mit Kartoffeln servieren.

Zwiebelröhrleskuchen

Einen gesalzenen Hefeteig herstellen.
Belag:
1 - 2 Bund Zwiebelröhrle
100 g Grieben oder Rauchfleischwürfel
4 Eier, 2 Becher Sauerrahm
1 - 2 EL Mehl, Salz, Pfeffer

*

Den Hefeteig ausrollen und auf ein gefettetes Backblech mit Rand setzen. Die Zwiebelröhrle in ca. 1 cm lange Stücke schneiden und auf dem Kuchenboden verteilen. Die Zutaten miteinander vermischen und über das Zwiebelgrün geben. Zum Schluß noch mit Kümmel oder geriebenem Käse bestreuen. Bei 225° ca. 15 - 20 Min. backen.

Am besten warm essen.
Zum Abkühlen und Löschen empfehle ich einen Krug Most.

34 Rezepte, Anekdoten und Geschichten rund um die Maultaschen finden Sie in dem illustrierten Kochbuch.
96 Seiten - handgeschrieben.
Format: 12 x 18 cm
ISBN 3-92492-19-1

Besonders interessant sind die Rezepturen aus Großmutters Bauerngarten.
Auf 96 Seiten erfahren Sie, lustig illustriert, was gesund macht.
Format: 12 x 18 cm
ISBN 3-924292-20-5

Von Teller- und Knöchlessulz, agmachter Backstoikäs, Lompasupp bis hin zum Katzagschroi ist alles vertreten was satt macht.
96 Seiten - illustriert und handgeschrieben.
Format: 12 x 18 cm
ISBN 3-924292-21-3

Hier dreht sich alles um den Sonntagsbraten und um deftige Bauernvesper.
96 Seiten - urig illustriert.
Format: 12 x 18 cm
ISBN 3-924292-05-1

Die Zwiebel hat sich zum Liebling der deutschen Küche hochgearbeitet.
Sie schmeckt und ist dazu auch noch gesund.
96 Seiten - illustriert.
Format: 12 x 18 cm
ISBN 3-924292-12-4

Auf 123 Seiten versuchen wir, Ihnen das „Amideutsch" auf „Schwäbisch" näher zu bringen.
Format: 17 x 20 cm
ISBN 3-924292-14-0

Ein originelles Geschenk mit urig- lustigen Karikaturen und Versen.
Auf jeden Fall ein Kalender, der nicht im Papierkorb landet.
Format: 24 x 63 cm,
Papier braun.
Auch mit Werbeeindruck lieferbar.
ISBN 3-924292-15-9

Auf den 143, originell illustrierten Seiten werden Sie ausführlich über die Geschichte der Spätzle, sowie dem Dinkel, des Schwaben Urgetreide, informiert.
Format: 17 x 20 cm
ISBN 3-924292-00-0

Die Mehltruhe war jahrhundertelang das Herzstück jeder Küche. In „Flädla, Knöpfla, Bubaspitzla" finden Sie auf 176 Seiten eine Fülle schwäbischer Köstichkeiten.
Format: 17 x 20 cm
ISBN 3-924292-02-7

Auf 170 Seiten berichten wir von der Tradition der Hausbäckerei. 80 neue und alte Rezepte, Anekdoten und Geschichten erzählen vom Brauchtum rund ums Backhaus. Durchgehend originell illustriert.
Format: 17 x 20 cm
ISBN 3-924292-18-3

Ein schwäbisches Kinderbuch in original schwäbischem Dialekt mit über 160 Kinderversen-, liedern, Zungenbrechern, Kettenreimen, Fastnachts-, Oster- und Weihnachtsversen aus dem Volksmund. Jede Seite ist lustig illustriert, zum Teil bunt.
Format: 17 x 20 cm
ISBN 3-924292-01-9

Ruoß Verlag

Schellingstraße 10 · D- 89077 Ulm
Tel.0731/37661 · Fax 0731/37662